秦灭六国

◎ 主编 金开诚

◎ 编著 张 利

吉林文史出版社

吉林出版集团有限责任公司

图书在版编目（CIP）数据

秦灭六国 / 张利编著 . 一长春：吉林出版集团有限责任公司：吉林文史出版社，2010.11（2022.1 重印）

ISBN 978-7-5463-4152-1

Ⅰ.①秦… Ⅱ.①张… Ⅲ.①中国－古代史－秦汉时代－通俗读物 Ⅳ.① K234.09

中国版本图书馆 CIP 数据核字（2010）第 222306 号

秦灭六国

QINMIELIUGUO

主编/ 金开诚 编著/张 利

项目负责/崔博华 责任编辑/崔博华 许多娇

责任校对/许多娇 装帧设计/李岩冰 董晓丽

出版发行/吉林文史出版社 吉林出版集团有限责任公司

地址/长春市人民大街4646号 邮编/130021

电话/0431-86037503 传真/0431-86037589

印刷 / 三河市金兆印刷装订有限公司

版次/2010 年 11 月第 1 版　2022 年 1 月第 5 次印刷

开本/ 650mm×960mm 1/16

印张/9 字数/ 30千

书号/ ISBN 978-7-5463-4152-1

定价/ 34.80元

前　言

　　文化是一种社会现象，是人类物质文明和精神文明有机融合的产物；同时又是一种历史现象，是社会的历史沉积。当今世界，随着经济全球化进程的加快，人们也越来越重视本民族的文化。我们只有加强对本民族文化的继承和创新，才能更好地弘扬民族精神，增强民族凝聚力。历史经验告诉我们，任何一个民族要想屹立于世界民族之林，必须具有自尊、自信、自强的民族意识。文化是维系一个民族生存和发展的强大动力。一个民族的存在依赖文化，文化的解体就是一个民族的消亡。

　　随着我国综合国力的日益强大，广大民众对重塑民族自尊心和自豪感的愿望日益迫切。作为民族大家庭中的一员，将源远流长、博大精深的中国文化继承并传播给广大群众，特别是青年一代，是我们出版人义不容辞的责任。

　　本套丛书是由吉林文史出版社和吉林出版集团有限责任公司组织国内知名专家学者编写的一套旨在传播中华五千年优秀传统文化，提高全民文化修养的大型知识读本。该书在深入挖掘和整理中华优秀传统文化成果的同时，结合社会发展，注入了时代精神。书中优美生动的文字、简明通俗的语言、图文并茂的形式，把中国文化中的物态文化、制度文化、行为文化、精神文化等知识要点全面展示给读者。点点滴滴的文化知识仿佛颗颗繁星，组成了灿烂辉煌的中国文化的天穹。

　　希望本书能为弘扬中华五千年优秀传统文化、增强各民族团结、构建社会主义和谐社会尽一份绵薄之力，也坚信我们的中华民族一定能够早日实现伟大复兴！

目录

一、春秋战国时期的秦国 001

二、秦灭六国的过程 027

三、秦灭六国的原因 073

四、秦灭六国的影响 115

一、春秋战国时期的秦国

(一) 秦国的社会经济

1.农业

(1) 铁制农具普遍使用

在春秋战国时期，铁制农具已经被广泛使用到耕作中，如锄、斧、镰等等，甚至在河南发现了战国时期的冶铁手工业遗址。种种这些都说明在春秋战国时期铁制农具在农业中已经获得广泛应用,极大提高了生产效率,增加了粮食产量,为封建农业生产的发展提供了物质前提。

(2)畜力耕田的推广

铁制农具的出现必定对耕作方法有一定的要求,如"V"字形犁的使用就必须用畜力相牵引。商鞅变法后,牛耕在秦国广泛使用。畜力与铁器的结合使得农业类型逐渐由粗放型向精耕细作型转变,人们在耕作过程中已经开始思考使土地高产的方法,学会因地制宜,合理使用土地进行种植,粮食产量大大提高。

2.水利兴修

(1)都江堰

都江堰建于公元前256年,是中国战国时期秦国蜀郡太守李冰及其子率众修建的一座大型水利工程，是全世界至今为止，年代最久、唯一留存、以无坝引水为特征的宏大水利工程。两千二百多年来，至今仍发挥巨大效益，成为文明世界的伟大杰作。成都平原之所以能够如此富饶，被人们称为"天府之国"，从根本上说，是李冰创建都江堰的结果。

岷江是长江上游的一条较大的支流，发源于四川北部高山地区。每当春夏山洪暴发的时候，大量江水奔腾而下，从

灌县进入成都平原，由于河道狭窄，古时常常引发洪灾，洪水一退，又是沙石千里。而灌县岷江东岸的玉垒山又阻碍江水东流，造成东旱西涝的局面。秦昭襄王五十一年（公元前256年），李冰父子吸取前人的治水经验，召集了许多有治水经验的农民，对地形和水情作了实地勘察，决心凿穿玉垒山引水，将岷江水流分成两条，其中一条水流引入成都平原，这样既可以分洪减灾，又可以引水灌田、变害为利。李冰用火烧烤岩石，较高的温度使得岩石爆裂，终于在玉垒山凿出了一个

山口。因其形状酷似瓶口，故取名"宝瓶口"。"宝瓶口"的修建极大地解决了以往灌溉和分流的难题，但新的问题又出现了。岷江地势东面较高，江水难以流入"宝瓶口"，李冰父子经过一番考察，决定在岷江中修筑一个分水堰，将岷江水分成两个支流，一支顺江而下；另一支导入宝瓶口。但修建过程并非易事，分水堰必须十分坚固否则极易被湍急的江水冲走。李冰受到当地人巧用竹子的启发，将竹子编成竹筐，竹筐内装满鹅卵石沉入江中，周围再用大石头加固，形成了一个狭长的如鱼嘴形的小岛，因此获名"鱼嘴分水堤"。这样鱼嘴分水堰有效地把汹涌的岷江水分成两部分，内江水通过宝瓶

口灌溉成都平原，外江泄洪排洪。岷江水超过鱼嘴分水堰时夹带大量的沙石，时间一长就会阻塞内江和宝瓶口的入水通道，为了更好地分洪减灾，李冰等人又修建了一条"飞沙堰溢洪道"，保证岷江水中夹带的沙石都会流到外江中，不会阻塞内江和宝瓶口水道。

都江堰水利工程由创建时的"鱼嘴分水堤""飞沙堰溢洪道""宝瓶口引水口"三大主体工程和百丈堤、人字堤等附属工程构成。科学地解决了江水自动分

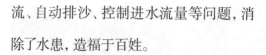

流、自动排沙、控制进水流量等问题, 消除了水患, 造福于百姓。

（2）郑国渠

郑国渠是最早在关中建设的大型水利工程, 公元前246年由韩国水工郑国主持兴建, 约十年后完工。水工郑国前往秦国兴修郑国渠也是出于韩国军事上的需要。当时正处于诸侯并起纷争之时, 秦国在与诸侯的纷争中处于霸主地位, 秦

国的强大严重威胁了东方的诸侯，第一个感到威胁的便是韩国。韩王在无可奈何之际采取所谓的"疲秦"战术。他派水工郑国为间谍潜入秦国游说秦王修建引泾水入洛河的灌溉工程，这样可以发展秦国农业。郑国带着这样的计划潜入秦国，当时秦王嬴政也有心发展秦国的水利事业，期望通过兴修水利灌溉工程来发展关中平原，提高粮食产量，增强秦国的经济实力。因此，嬴政很快接受了郑国的建议，广征全国人力、物力，任命郑国主持兴修。但在兴修过程中，韩王的计谋败露,秦王想要立即杀掉郑国。郑国对秦王说,当初来到秦国确实是受韩王之命,但如果水渠一旦修成,对秦国来说是一项万世千秋的大业。秦王认为郑国言之有理,况且当时也没有更加合适的人选,于是就让郑国继续主持兴修。经过十多年的努力,整个工程完工,人称郑国渠。

郑国渠位于今天的泾阳县西北25公里的泾河北岸。它西引泾水东注洛水,长达 300 余里(灌溉面积号称4万顷)。泾河从陕西北部群山中冲出,流至礼泉就进入关中平原。郑国渠充分利用了关中

平原西北高、东南低的地形特点，在礼泉县东北的谷口开始修干渠，使干渠沿北面山脚向东伸展，很自然地把干渠分布在灌溉区最高地带，不仅最大限度地控制灌溉面积，而且形成了全部自流灌溉系统，可灌田四万余顷。郑国渠开凿以来，由于泥沙淤积，干渠首部逐渐填高，水流不能入渠，历代以来在谷口地方不断改变河水入渠处，但谷口以下的干渠渠道始终不变。

郑国渠首开了引泾灌溉之先河，对后世引泾灌溉产生着深远的影响。郑国渠巧妙利用了北仲山南麓西高东低的地势特点，把渠修建在了渭北平原三级阶

梯的最高线上,灌溉着今礼泉、泾阳、三原、高陵、临潼、富平、渭南、蒲城、大荔等县(区)的二百八十多万亩土地。郑国渠不但未能起到"疲秦"的作用,反而极大增强了秦国的国力。这使得本就强大的秦国更加如虎添翼,加速了它消灭六国的进程。郑国渠工程宏伟,规模宏大,称得上是两千多年前之壮举。它用富有肥力的泾河泥水灌溉田地，淤田压碱，变沼泽盐碱之地为肥美良田，使关中一跃成为全国最富庶的地区，这为秦王嬴政最终统一全国做好了物质上的准备。

水利工程的兴修极大解决了秦国平原粮食产量不足的后患，都江堰和郑国渠的兴修和使用为秦王灭六国、一统天下奠定了良好的基础。

（二）秦灭六国前的准备

1.秦穆公称霸西戎

秦人是华夏族西迁的一支，其国君嬴姓（少昊氏之后），据说周孝王因秦的祖先秦非子善于养马，因此将他们分封在秦，作为周朝的附庸。公元前770年，秦襄公因护送周平王东迁有功，被封为诸侯，划岐山以西为其封地，秦始建国。在群雄并起的春秋时代，秦国由于地处边陲，与同时代其他国家相比显得不堪一击，秦不断与周边的戎狄斗争，在不断的斗争中巩固和扩大了秦的地盘，定都於雍（今陕西凤翔）。直到秦穆公时期秦国实力才逐渐强大起来，成为了仅次于晋国、楚国、齐国的强国。

秦穆公即位后，秦国在政治、经济、文化等方面都有了极大的进步。公元前627年，秦趁晋文公去世的机会，企图进军中原。秦国派军偷袭郑国，不料在行军途中遇到郑国商人弦高。当知道秦国要去偷袭郑国时，弦高一方面派人火速回郑报告敌情；一方面假装成郑国的特使，假借国君的名义，用十二头牛犒赏秦军。

秦军认为郑国已经知道秦军出兵的事情，肯定会有所准备，贸然出兵可能得不偿失，因此只好撤军，途中灭掉晋国的盟国滑（今河南偃师）。晋国对秦国东进一直抱有戒备的心理，为免除后患，晋出兵伐秦，爆发了崤（河南渑池西）之战，秦军陷入晋军的包围，全军覆没。东进受阻的秦国不得不转向西方发展，收到了良好的效果。

当时在今陕甘宁一带生活着许多戎狄的部落和小国，如昆戎、义渠、大荔之戎等等，他们生产水平落后，各有君长，不相统一。他们常常突袭秦的边地，抢掠粮食、牲畜，掳夺子女，给秦人造成很大的困扰。秦穆公在西进的过程中采取了比较谨慎的态度，分析了各个部落，采取先强后弱逐个征服的策略。当时在西方的戎狄部落中，比较强大的

是绵诸。绵诸驻地与秦相接,恰逢此时绵诸王因听闻秦穆公贤明便向秦国派来使者由余。秦穆公亲自接待,并向其展示秦国宫殿之壮丽以及物资储备之丰富,并趁机向他了解西戎的地形等情况。秦穆公热情挽留由余在秦多住数日,并派人给绵诸王送去大量乐器、美女与美酒,绵诸王从此钟情于美酒佳人,不理朝政,国内政事一塌糊涂。直到此时秦穆公才让由余回国，但由余的劝告并未起到任何效果，使得由余最终归附了秦国，成为秦国讨伐西戎的有利帮手。

公元前623年，秦军出征西戎，以迅雷不及掩耳之势包围了绵诸国，在酒樽之下活捉了绵诸王。秦穆公乘胜前进，二十多个戎狄小国先后归附了秦国，独霸西戎。秦国疆域又辟地千里，国界南至秦岭，西达狄道（今甘肃临洮），北至朐衍戎（今宁夏盐池），东到黄河，秦穆公使秦国国力达到顶峰，史称"秦霸西戎"。

2.平定吕不韦、嫪毐叛乱

吕不韦出生于卫国，早年在韩国经商，他深谙经商之道经常贱买贵卖，因此十分富有。吕不韦在赵国经商时，偶然间结识了

居留在赵国的秦王室质子嬴异人，吕不韦认为如果可以帮助嬴异人重返秦国并助其登上王位，那么自己必然也会大富大贵，因此吕不韦决定帮助嬴异人。吕不韦先用重金贿赂安国君的妻子华阳夫人的姐姐，通过其引荐见到华阳夫人，送了很多珠宝后对华阳夫人说起异人的情况，说异人十分想念华阳夫人，在赵国一直十分勤勉好学，为人敦厚广交朋友，人缘很好。华阳夫人十分感动便对异人心生好感，华阳夫人膝下无子，倘若异人能够被立为世子将来继承王位，那么自己也可以有所依靠，因此她不断怂恿安国君立异人为世子，改名为子楚。

公元前251年，秦昭襄王死，太子安国君即位，是为秦孝文王，子楚为太子，秦孝文王即位一年而卒，子楚即位，是为秦庄襄王，以吕不韦为丞相，封为文信

侯。子楚以质子身份居留赵国之时，并未婚娶，见到吕不韦的侍妾赵姬心生爱意，吕不韦出于政治目的将赵姬送给了子楚。不久赵姬生下儿子政，也就是历史上赫赫有名的秦始皇。秦庄襄王即位三年病逝，当时只有13岁的嬴政即位，以吕不韦辅政，赵姬为皇太后。吕不韦的实力发展到了顶峰。大权在握的吕不韦经常与赵姬私通，久而久之嬴政也略有所知。为避免不必要的麻烦，吕不韦将嫪毐以"太监"之名送入皇宫，献给皇太后赵姬而使自己脱身。

嫪毐入宫后深得太后宠爱，太后封其为长信侯，赐予他大片封地，国中大小事情都由嫪毐决定，嫪毐在蕲年宫安插许多自己的亲信，这使得嫪毐的权势

无限膨胀。公元前238年，22岁的嬴政在
蕲年宫举行了成人加冕礼，王冠、带剑。
嬴政即位之初由于只有13岁，年纪小，故
大权都由吕不韦所把持，随后嫪毐也因
皇太后的关系掌握一定大权。但如今成
人礼一过，说明嬴政已经成年，开始亲政
了，这对吕不韦、嫪毐来说不是一个好消
息。嬴政自小就生活在纷繁的谣言之中，
因此对吕不韦是恨之有加，嫪毐与赵姬
之事也让嬴政非常愤怒。因此嫪毐深知
嬴政一旦亲政必将先铲除他，要想自保
必须先出手，嫪毐假托秦王玉玺发动政
变，直攻蕲年宫。秦王嬴政命令昌平
君、昌文君带兵平定叛乱，战
于咸阳，斩叛军数百，
嫪毐逃脱，后被俘。
秦王嬴政下令夷嫪
毐三族，将其党羽
中罪行较轻者发配蜀
地，罪行重者车裂。吕不

韦因嫪毐的关系受到牵连被罢免丞相之位，回到封地洛阳。皇太后赵姬被迁往雍地居住，后茅焦上书请谏劝说秦王，秦王才亲自驾车将太后迎接回咸阳。公元前236年，秦王因怕吕不韦谋反便将吕不韦放逐至巴蜀之地，吕不韦害怕日后被杀于是饮鸩自尽。

吕不韦、嫪毐死后，秦王将大权收归麾下，扫除了统治道路上的障碍，开始亲政治国。面对着凋敝的民生、内部的威胁、外部的干扰，重整生产、恢复国力、稳定统治成为了统治阶级亟待解决的问题，也是秦王面临的一个重大挑战。

二、秦灭六国的过程

（一）秦国的对外战争

1.与齐国的对峙

魏国在马陵之战中败北后，实力大为削弱，齐国取代魏国成了新的霸主。秦国经商鞅变法势力大大加强，于是大国间的形势发生了变化，秦国和齐国成了实力最强的两个大国，形成了东西对峙的局面。此时各大国陆续称王，大国间领土毗邻，彼此间的矛盾冲突就更加剧烈了。齐国和秦国这两个东西对峙的大霸主开始了争取小国、孤立敌国的斗争。

在齐国和秦国斗争的过程中，合纵连横是贯穿始终的一个重要策略。合纵连横，在地域上是以韩、赵、魏三国为主，北连燕或南连楚，东连齐或西连秦，南北相连为纵，东西相连为横。在策略上，"合纵"就是联合诸多弱小国家攻打一个较强大的国家，目的是阻止强国进行兼并。

"连横"就是强国迫使弱小国家帮助它进行兼并。合纵连横政策的初始，既可以牵制秦国又可以限制齐国，直至长平之战后意义发生变化。实际上"合纵"和"连横"都是争取暂时同盟者的外交手腕，其目的是进一步兼并土地，扩张领土。

公元前329年，张仪由赵国进入秦国，凭借出众的才智被任命为相国，积极为秦国出谋划策。在张仪的辅佐下，秦君称王，秦国日益强盛。张仪入魏游说魏

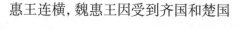

惠王连横，魏惠王因受到齐国和楚国的打击，不得不采取张仪的连横策略，与秦国和韩国联合起来攻打齐国和楚国。张仪的策略是希望魏国能率先归附秦国，为其他国家做个表率，但这遭到了魏惠王的拒绝。秦国立刻出兵攻占了魏国的曲沃（今山西闻喜）、平周（今山西介休）两地，此战对其他国家而言威慑很大。介于秦国的强大，齐、楚、燕、赵、韩五国转向公孙衍提出的合纵策略。

公元前318年，以楚怀王为首爆发了齐、楚、燕、赵、韩五国伐秦的战争，秦国派兵与联军在修鱼（今河南原阳）交战，联军大败。自从合纵联军退兵后，秦国十分重视对后方的扩充。公元前316年，巴蜀相攻，秦王想要趁机一举灭蜀，但因韩国的入侵犹豫不决，司马错力主攻蜀，认为攻下蜀国可以使人力物力方面都得到

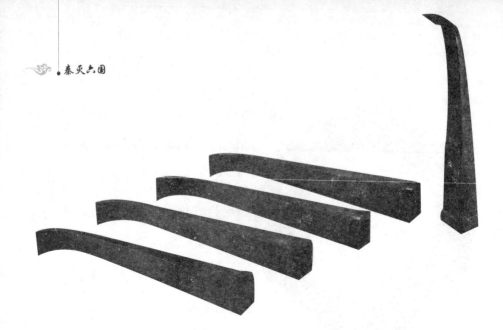

强而有力的补充，又可占据有利地势顺流攻楚。秦王采纳此议，派遣张仪、司马错出兵一举灭蜀，后灭掉巴国，获得巴蜀大片土地。如此一来，秦国占据了富饶的天府之国，为秦国经济的发展和军事战争的准备提供了有利的保障。

齐国和秦国间最大的一次斗争焦点在楚国。齐国为了对付秦国联合了楚国，楚国虽然由于社会改革不彻底导致经济落后，但楚国拥有辽阔的疆土和众多的人口，轻易就可调集百万大军，齐国联合楚国对秦国来说影响很大，因此如何破坏齐楚之间的联合就显得尤为重要。秦

王派张仪入楚游说楚怀王。张仪暗地收买了楚国旧贵族并以六百里商於土地作为诱饵诱惑楚怀王，楚国要是能和齐国断绝关系，秦国愿意献出商於（今陕西商洛）六百里的土地。楚怀王一听动了心，丝毫不理会屈原等人的劝谏立刻与齐国断绝了关系，并且派人到秦国去索要张仪承诺的六百里商於之地，但张仪却矢口否认，并说当时承诺的是六里而非六百里。遭到秦国愚弄的楚怀王大怒，兴兵攻打秦国，秦兵大败楚军于丹阳（今河南丹水北岸），并虏其将领数十人，反夺楚国汉中之地，这片土地与秦国的巴蜀之地连成一片，有效保证了秦国国土的安全，极大增强了秦国的实力。

2.与赵国的对峙

正当齐、秦两国打得不可开交之际，赵国悄悄地发展起来。赵国的周边都是善于骑射的少数民族，如赵国东北方有东胡，西北方有林胡、楼烦，这些都是我

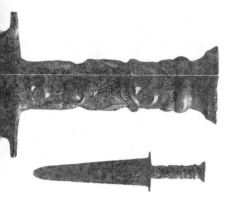

国游牧民族，对赵国有很大的帮助。赵国的主力部队以战车为主，在战斗中无法灵活地四处攻击，笨重的战车无法赶超轻快的骑士，因此使得赵国在战国初年的征伐中处处被动挨打。公元前307年，在屡次与周边少数民族交手后，赵武灵王认识到，要想迅速使赵国强大起来，必须首先建立强大的军事力量，决定实行"胡服骑射"，"胡"指的就是胡人，意思是说全方面学习胡人，不仅学习他们的服装穿着，还要学习他们骑马射箭等技术。赵武灵王在赵国北部亲自训练骑兵，并将这支训练有素的骑兵作为军官团，培训其他士兵，所有想要成为骑兵的士兵都要经过统一的考试，这样赵国就建立起一支实力超强的军事力量。赵国迅速强盛起来，这引起了齐、秦的不安，为了打击赵国，秦昭襄王派遣穰侯魏冉到齐国，请齐湣王与秦昭襄王同时称帝，共同联合其他国家攻打赵国，并三分赵国天下。但这一策略并未成功，最终被苏秦的合纵策略所破坏。齐国反倒采取苏秦的建议，联合其余国家反秦，迫使秦昭襄王将以前侵占的魏国、赵国的土地悉数归还，赵国实力更胜从前。

公元前286年，齐国灭掉宋国，势力大振，引起各国的不安，秦国趁机与各国约定反齐，蒙骜带兵进攻齐国的河东，攻下九城。公元前278年，秦国又派白起攻下楚国的国都郢，楚国的势力也消失殆尽。齐国和楚国的势力削弱使得秦国可以顺利地推行"远交近攻"的策略。当时

秦国把战争的矛头转向魏、韩两国。秦国希望扩大自己的疆域，强令秦军越过魏、韩去攻打齐国，范雎指出这样并不能扩大秦国的土地，适时向秦昭襄王提出"远交近攻"的策略。"远交近攻"是针对当时秦国的状况提出的。齐国势力强大，与秦国距离遥远，要想攻打齐国，必须要越过韩、魏，士兵长途跋涉，十分辛苦，这样难以取胜。不如先攻打临近的韩、魏，逐步推进，但需防止齐国与这两国结盟，秦王要主动派使者与齐王修好，只有这样才能削弱敌国。秦昭襄王任命范雎为相，积极推行"远交近攻"策略，向三晋发动大规模的进攻。三晋之中以赵国实力最强，因此秦、赵之间的战争不可避免。

（1）阏与之战

秦穰侯魏冉，为扩大其在陶（今山东定陶）的封地，强令秦军越过韩、魏远

攻齐国的刚（今山东宁阳东北）、寿（今
山东东平西南）。由魏入秦的谋士范雎向
秦昭襄王指出，越过韩、魏而去攻打齐国
的刚、寿的做法是错误的。范雎认为
秦攻齐，中间隔有韩、魏，少出兵则
达不到攻齐的目的，但多出兵则路
途遥远，对秦国多有不利，最终的结
果也不能使得秦国的土地增加，因此应
采取"远交近攻"的策略，远交齐、楚，
近攻三晋韩、赵、魏。韩、魏地处中原，是
天下的枢纽，且韩、魏又在齐、楚与秦之
间，先攻韩、魏，夺其土地，这样再远攻
齐、楚之时，进可攻、退可守方能制胜。
秦昭襄王对范雎的提议大加赞赏，封其
为客卿，参与军事谋划。当时北方的赵
国实力较强，使得秦国对韩、魏出兵有所
顾忌，于是秦国伺机寻找出兵赵国的机
会，希望可以一举灭赵。公元前281年，秦
国攻取赵国的三座城池，赵先提议以其
盟国魏之焦、黎、牛狐换秦夺取之蔺、离

石、祁，秦以蔺、离石、祁位于赵之太原郡与魏之上党郡夹攻中，难以据守，故同意易地。赵国与秦国签订协议，以焦、黎、牛狐交换三城，并将公子部质于秦国。但随后赵国就背弃盟约。秦国以赵国背弃盟约为由，派中更胡阳率军大举攻赵之阏与。阏与是赵国的边境重镇，也是赵国的西南门户。它东靠太行山，西向晋中平原，战略地位十分重要。秦军之所以攻打阏与，是想以此地作为进攻赵国的前方阵地。若阏与被破，赵国的西部大门就被洞开，秦军就可以长驱直入，对赵国威胁极大。因此赵惠文王急召廉颇、乐乘等人商议对策。廉颇认为阏与距离邯郸路途较远，并且路途险阻，无法救援。乐乘也持相同态度，认为阏与道路艰险不可援救。赵王又问赵奢，而

赵奢却与廉颇、乐乘等人的意见不一致，赵奢认为，两军相遇勇者胜，阏与道路艰险这是事实，但也正因为这样，对双方来说机会都是均等的。在阏与交战，秦、赵两国就好比是在洞穴中争斗的老鼠，只有勇敢的一方才能获得最后的胜利。赵奢的话深得赵王赞许。赵王立刻任命赵奢为大将军率兵前去解救阏与之围。

赵奢率军在距离邯郸三十里的地方安营扎寨，将士们都迷惑不解，现在即便日夜兼程都唯恐解救不了阏与之围，这刚刚出城就安营扎寨，这是为什么呢？但赵奢随后下令不准对作战策略有任何异议，否则格杀勿论。将士们只能听候命令。赵奢此举的用意实则想要迷惑秦军，使其失去警惕。秦、赵双方在武安（今河北武安西南）对峙。秦军操练声势浩大，战鼓震天，而赵军却纹丝不动，销声匿迹。一名侦察兵在侦察敌情时看到嚣张的秦军，十分愤怒，不顾军纪，建议赵奢出兵，赵奢立即将此人斩首示众，从此军内再无人敢随意讨论军情。赵奢命令全军修筑深沟高垒，做出长期固守、怯敌畏战的假象，以麻痹秦军，赵奢按兵不动达二十八天之久。

固守不前的赵军使得秦军将领胡阳大为疑惑，不知赵军的真正意图，因此胡阳派出间谍潜入赵军驻地打探消息。赵奢故意装作不知情，盛情款待来者，又带他参观赵国新修的堡垒，暗示赵国无意前进。间谍返回秦军驻地将所见汇报给胡阳，胡阳大喜，认为赵军怯敌不敢迎战，于是放松了警惕。

当确定秦军被麻痹之后，赵奢命令全军以两天一夜的时间火速赶到距阏与五十里的地方驻扎下来，占据有利地势，命令弓箭手选好位置以攻击秦军。又派

遣一万人占据北山的制高点，构筑工事，严阵以待。 胡阳听说赵军突然赶到前线，惊慌万分，命令秦军昼夜不停地赶往战场。到了阏与，才发现有利地形已被赵军占领。他看到北山地势险要，便命令秦军拼命争夺。然而秦军长途跋涉，人困马乏，赵军却以逸待劳，早有准备。秦军虽几经争战、奋力拼杀，但还是失败了，只能在山下列阵。正当秦军无计可施之际，赵奢下令赵军兵分两路，从山上山下发起猛烈进攻。在前后夹攻下，秦军全线崩溃，大败而逃。赵军大胜，凯旋而归，阏与之围遂解。

阏与之战使得秦军损失一定兵力，限制了秦军东进的步伐。

（2）长平之战

公元前262年，秦昭襄王派大将白起攻打韩国，占领了野王城（今河南沁阳），彻底切断了上党郡和国都的联系。韩国希望献出上党郡向秦国求和，但上党郡的郡守不愿投降，于是请赵国发兵救援。赵国派遣老将廉颇驻军长平，秦国也派白起迎战，驻扎在长平，双方开始了大战前的对峙。廉颇仔细分析了秦国的军事状况，认为秦军攻击力很强，因此不能迅速出战，应采取坚守策略，以逸待劳消耗秦军力量。三年间，双方相持不下。秦军多次挑战，赵国却不出兵，赵王为此屡次责备廉颇。秦相范雎派人向赵国权臣行贿，

并伺机散布谣言说秦国并不害怕廉颇，真正畏惧的是赵奢之子赵括，造谣说廉颇即将出降。赵王怨恨廉颇固守不战，因而相信了流言。公元前260年，中了反间计的赵王，改用赵奢之子赵括代替廉颇，命其出击秦军。赵括只会纸上谈兵，对带兵打仗全无心得，他一改廉颇布置的战术，大举攻秦。

秦相范雎得知反间计已获成功，立刻派白起为上将军，去指挥秦军。白起一到长平，布置好埋伏，在正面佯装兵败撤退，赵括不知是计，紧追不舍，掉进白起的埋伏圈。随后白起又派出三万奇兵，分成两支，一支两万五千人，负责切断赵军的退路，另一支五千人，负责将赵军的军队截成两段。赵括此时无计可施，只能筑垒坚守，等待救兵，秦国趁机将赵国运送援兵和粮草的道路彻底切断。被秦军围困四十六天后，弹尽粮绝又无援兵的赵括只得将赵军分成多部，轮番突围，但都以失败告终，赵括也在突围中被秦军射死。失去主将的四十万赵军全部投降了秦军。白起将战俘中年幼的二百多人放回，其余的全部活埋。

（3）窃符救赵

长平之战使得赵军的主力损失严重，而秦国却乘胜追击包围了赵国的都城邯郸。秦国残暴地对待赵国的百姓，激起赵国人民的不满，赵国军民万众一心英勇抵抗秦国，秦军惨遭败绩，伤亡惨重。范雎派郑安平为主将继续进攻邯郸。赵国向魏国求救。平原君一面向楚国求救，一面书信联系魏公子信陵君。信陵君的姐姐是赵惠文王弟弟平原君的夫人，平原君写信给信陵君请其游说魏王出兵救赵。在信陵君的游说下，魏安禧王派将军晋鄙率领十万大军驻守在汤阴（今河南汤阴）声援赵国，但因惧怕秦国不敢进

兵。名义上是救赵，实际上则是抱着观望的态度。此时的信陵君也千方百计想要解除赵国的威胁。有人向信陵君献计，现在必须偷得魏王的兵符才能救赵。兵符是古代传达命令或调兵遣将所用的凭证，呈虎型，又称虎符。分为两半，一半留存在国君身边，一半交给率军的统帅。调发军队时，必须两块虎符合二为一。魏王的兵符藏在卧室内，而能够自由进出魏王卧室的只有魏王的宠妾如姬。当年如姬之父被杀，信陵君为其报了杀父之仇，因此如姬心怀感激。现在如果让她为此效力，一定可以成功。信陵君依此计行事，而如姬也不负众望，成功偷得虎符交给信陵君。信陵君带着原在屠市上做屠夫的朱亥一同前往魏军的驻地，假传魏王命令撤销晋鄙的军职，由信陵君接任。晋鄙验过虎符，即便合二为一但仍将信将疑，此时朱亥毫不犹豫地用铁锤杀了晋鄙，夺取了最高统治权，发

兵进攻秦国。此时楚国也派景阳带领大军前来救赵，秦军在赵、魏、楚三军的内外夹击下大败。秦将郑安平率领两万人投降了赵国。这是秦国继阏与之战后的又一次大败，连之前攻占的魏国的河东和赵国的太原都失守了。即便这样，秦国仍旧具有较强的实力，继续向东发展。

（二）灭六国时机成熟

1.统一是必然趋势

结束诸侯的割据完成封建社会的大一统，是春秋战国时期历史发展的必然趋势。首先，由于生产力的提高，社会经济获得极大发展，各地区间的联系加强，彼此间的交流加深。其次，经过春秋战国时期的大战乱，战争迫使百姓流离失所，不得不东奔西走，这样就使得民族融合的趋势越来越强，在中国境内形成了一个强大的共同体。再次，由于封建割据以及由封建割据引发的一系列战争，给百姓带来沉重的打击，农民更是苦不堪言，工商业者也因为战乱无法正常营生。因此，农民和工商业者成了统一最忠实的拥护者。他们迫切希望建立一个统一且强而有力的中央集权的封建国家。最后，长时间的大国争霸和兼并战争，大吃小、强欺弱，改变了原来中原地区霸主间的力量对比，在战争中秦国逐渐成为实现统一的中心

力量。

2.秦国的势力迅速发展

秦国能够成为统一的中心力量并非偶然。秦国自商鞅变法后，社会变革相对比较彻底，建立起一个比较巩固的中央集权的封建国家。新兴地主阶级的力量比较强大，经济发展迅速，军队精良，战斗力超强。自秦孝公即位（公元前361年）到秦王政亲政（公元前238年），秦国共经历了一百二十三年，在这漫长的时间里，关东六国接连衰败，唯独秦国越战越强。在战争中，秦国不仅消灭了六国的大批军队，还获得了大片领土，使得领土从今关中地区扩展到陕北、甘肃、宁夏、四川、山西、湖南等地，因而秦国成为最有实力完成统一大业的国家。

3.其他国家的衰落

燕国本来也是个大国，后来燕王哙将王位让给了相国子之。燕国将军和太子进攻子之，燕国发生大乱。公元前314年，

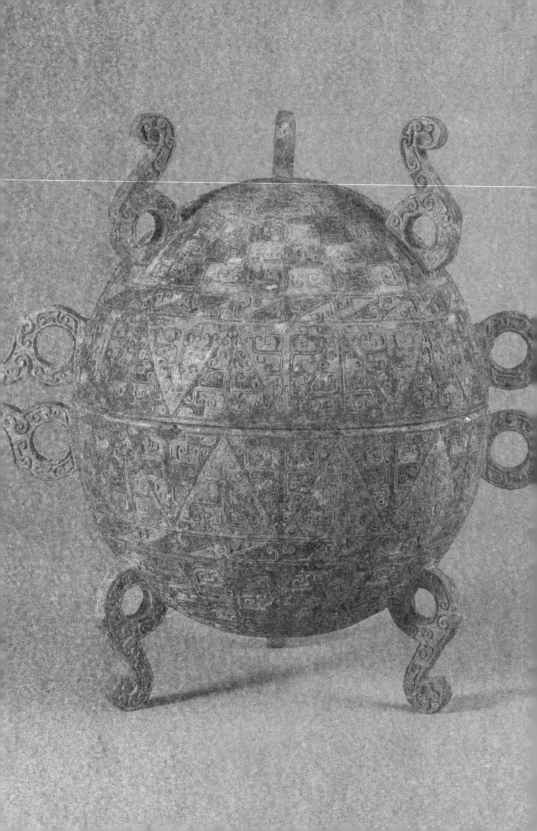

齐宣王以燕王哙将让位给子之引起内乱为借口，出兵燕国，短短十几天就攻占了燕国，但燕国军民奋力抵抗，最终使得齐国撤军。

后公子职即位，是为燕昭王。燕昭王一心想要报当年齐国武力干涉燕国之仇。燕昭王希望可以广招天下贤士，于是问法于郭隗，郭隗回答说："您如果把我当成贤人一样尊重，那么比我有才能的人都会纷纷前来投靠。"燕昭王立即茅塞顿开，为郭隗建立宫室，名曰"金台"，称郭隗为老师。乐毅出使到燕国，燕昭王用客礼厚待乐毅。乐毅谦辞退让，但最后终于被昭王诚意所动，答应委身为臣，燕昭王封乐毅为亚卿(仅次于上卿的高官)。正因为燕昭王的礼贤下士和谦虚真诚，最终才能招到像郭隗、乐毅这样

的贤士。燕昭王与他们一起改革政治，奋发图强，经过二十八年的努力，终于使燕国国富兵强。

燕昭王认为现在燕国的势力已经远胜从前，想要兴兵伐齐，于是征求乐毅的意见。乐毅认为齐国地广人多，称霸多年根基雄厚，善于用兵，虽然齐国国君不体恤民情，横加暴敛，对外诸多用兵引起诸侯不满。但对于这样的一个大国，单凭燕国的实力恐怕很难取胜。倘若一定要出兵，最好联合楚、魏、赵、韩等国，先孤立齐国，才有取胜的机会。燕昭王接受了乐毅的建议并派人分别出使赵国、韩国、楚国和魏国，各国早就厌恶齐国国君的骄暴，都同意联兵伐齐。公元前284年，燕昭王任命乐毅为上将军，率兵出征。赵王也将相印交给乐毅，乐毅率领燕兵联合赵、楚、韩、魏五国之兵大举伐齐。齐王并未料到燕国会带兵反齐，连忙召集全国之兵仓促应战。

两军相遇于济水西岸，乐毅亲临前方指挥将士向齐军发起猛烈进攻，一时间联军锐不可当。而齐军因连年征战士兵疲惫不堪，齐王对作战不利士兵的处罚也让士兵们心寒不已，根本无心恋战。因此在联军的猛攻下，齐军大败，溃不成军。齐军主力被歼后，齐王狼狈逃窜，退回国都临淄。燕昭王闻讯十分高兴，亲至济西战场劳军，厚犒将士，封乐毅为昌国君。在济西大败齐军之后，乐毅厚赏了楚、韩两军并遣还其回国，打算自己直逼齐都临淄。乐毅认为齐国的精锐部队已经全部阵亡，国内一片混乱，这是一举灭齐的最好时机，坚持率军乘胜追击。乐毅命魏军直攻旧宋国之地，命赵军攻取河间地区，而自己则亲率燕军长驱直入齐都。燕兵的节节胜利逼迫齐王出逃，后被楚将所杀。乐毅攻齐的六个月里，攻下

齐国七十多个城池，仅剩下下莒（今山东莒）和即墨（今山东平度）未被攻克。乐毅在攻下齐国诸多城池之后，实施了一系列的安民措施：首先整顿军纪，不准危害百姓；其次，减轻赋税，恢复齐威王时期的合理法令；最后优待归顺燕国的齐人，笼络齐国统治阶级。这样一来，基本稳定了对齐国的占领。

但后来燕昭王死，其子惠王即位，因猜忌乐毅罢其官职改用骑劫。骑劫无视乐毅制定的政策，放纵燕兵对齐国降卒任意残害，甚至掘坟焚尸，激起齐国百姓极大的仇恨。齐将田单利用齐国人民这种仇视燕将的情绪，率兵利用"火牛阵"夜袭燕军。田单事先挑选了一千多头牛，在每头牛的牛角处捆上尖刀，又在每头牛的背上披上一条被子，在被子上画上大红大绿奇奇怪怪的图案，在牛尾巴上系上已经浸透油的芦苇。午夜时分，田单让士兵在城墙上凿破十几处，将牛赶出去

并将牛尾巴上的芦苇点燃。一千多头尾
巴被点燃的牛被烧得性子大发，奔着燕
军的营地就冲了过去，田单命五千"敢死
队"持大刀长矛尾随牛队突袭燕军。正在
睡梦中的燕军被这些头顶长刀的怪物吓
得大惊失色，根本无力抵抗，纷纷四处逃
窜，死伤不计其数。燕国主将骑劫被杀，
齐国乘胜收回大片失地，暂时转危为安。
但由于齐国在与燕国的斗
争中损失惨重，从此一蹶
不振，齐国丧失了与秦国
抗衡的能力，齐、秦对峙的
局面被打破，秦国成为霸
主。

（三）秦灭六国的过程

1. 五国攻秦

公元前367年，残存在洛阳附近的周
朝贵族发生权力争夺，韩、赵武力干涉，

周分裂为西周和东周。公元前256年，秦灭掉西周，随后又灭掉东周，占据了今天伊水、洛水和黄河之间的大片土地。秦灭二周后，开始了对韩、赵、魏的吞食。公元前242年，秦国对魏国展开了进攻，一举攻下酸枣（今河南延津）、雍丘（今河南杞）等二十城，使得秦国的国土与齐国的土地连在了一起，对东方各国威胁极大。于是公元前241年，五国商议合纵攻秦，楚王为纵长，五国纵军一路攻到蕞（今陕西临潼）。但秦国出兵反击后，身为纵长的楚王却率先逃跑，其余各国也纷纷撤退，五国合纵攻秦失败。秦国势力又进一步加强，统一趋势不可避免。

公元前247年，秦庄襄王死，13岁的子政即位，他就是后来大名鼎鼎的秦始皇。

2.灭六国

公元前238年，秦王政铲

除了丞相吕不韦和长信侯嫪毐集团，开始亲政，周密部署统一六国的战争。李斯、尉缭等协助秦王制定了统一六国的战略策略。秦灭六国的战略有两个，一是趁六国混战之际，秦国趁机灭掉诸侯，建立帝业，一统天下。秦王政采纳了尉缭破六国合纵的策略，广散钱财贿赂各国诸侯以打乱各国合纵的计划，从内部分化瓦解敌国。二是继承历代"远交近攻"政策，确定了先弱后强、先近后远的具体战略步骤，李斯建议秦王政先笼络燕齐，稳住楚魏，消灭韩赵，然后各个击破，统一全国。在这种战略方针指导下，秦国的统一战争开始了。

（1）韩国

　　秦国首先选择了韩国。因为韩国是六国当中实力最弱小的国家，且与秦国距离较近，符合秦国"远交近攻"的战略。公元前230年，派内史腾率兵进攻韩国，内史腾对韩国的情况了如指掌，因此进展十分顺利，俘虏韩王，将所得的韩国土地设立为颍川郡，韩国灭亡。

　　（2）赵国

　　公元前231年和公元前230年，赵国先后发生了地震和大灾荒的自然灾害，国力受损。

　　公元前229年，秦国趁赵国受灾之际派王翦率兵攻赵，赵国派李牧、司马尚奋力抵抗。李牧曾是抵抗匈奴的名将，他所率领的军队战斗力超强，多次击败秦军。王翦意识到李牧是一个劲敌，必须在战斗外将其除掉。王翦重金收买了赵王身边的宠臣郭开，散布谣言说李牧等勾结秦军有叛国之嫌。赵王听信谣言立刻撤换了李牧和司马尚，李牧在大敌当前的

情况下拒不交出兵权，赵王派人暗中斩杀了李牧，这引起军队对统治集团的极大不满，战斗力大幅度下降。秦国的离间计大获成功，王翦趁机大举进攻，赵军无力抵抗，秦军如入无人之境，痛击赵军。公元前228年，赵王迁出逃，被迫献上赵国的地图请降，赵国名存实亡，赵公子嘉率宗族百人逃至代郡（今河北蔚县），自立为代王，赵国几近亡国。秦国统一了北方。

（3）燕国

在追击赵公子的过程中，秦军到达燕国边境，燕国面临亡国的威胁不得不先出手，太子丹物色到了一位勇士，此人就是荆轲。二人商议要刺杀秦王必须接近秦王身边，让其相信燕国是前去请降的，秦国现在最想要的就是樊於期和燕国的督亢（今河北涿县）。秦国曾悬赏樊於期，要是能带着他的人头，相信秦王不会怀疑。得知消息的樊於期，拔刀自刎。荆轲带着樊於期的首级和燕国督亢的地

图前去求见秦王。

太子丹事前准备了一把锋利的匕首，叫工匠用毒药煮炼过，不管是谁只要被这把匕首刺出一滴血，就会立刻气绝身亡。他把这把匕首送给荆轲，作为行刺的武器，藏在地图之中。

荆轲到达咸阳求见秦王，秦王一听荆轲所带之物大为高兴，立刻下令在咸

阳宫接见荆轲。大殿之上，荆轲捧着木匣上去，献给秦王政。秦王政打开木匣，果然是樊於期的头颅。秦王政又叫荆轲拿地图来。荆轲把一卷地图慢慢打开，当地图全部打开时，荆轲预先卷在地图里的一把匕首就露出来了。秦王政一见，惊得跳了起来。荆轲连忙抓起匕首向秦王政胸口直扎过去。秦王躲闪及时，最终刺杀失败。荆轲刺杀未遂，激起秦王的怨恨，秦王立刻派遣王翦、辛胜等起兵，在易水击败燕军主力。公元前226年，王翦攻下燕国都城蓟（今北京大兴），燕王逃跑至辽东郡，燕王喜为保住燕国，以期停战，不得不杀掉太子丹，将其首级献给秦国求和。公元前222年，王贲奉命攻伐燕国在辽东的残余势力，俘获燕王喜，燕国彻底灭亡。

（4）魏国

公元前231年，魏王迫于秦国的强大

压力主动献出土地求和，秦国当时主攻赵国，无暇旁顾，使得魏国得以暂存。

公元前225年，秦国派年轻的将领王贲，也就是王翦的儿子，率领十万大军围攻魏国，包围了魏军的大梁（今河南开封）。但魏军以大梁为依托，城门紧闭、坚守不出。大梁城经过多年的修建，异常坚固，秦军无计可施。万般无奈下，王贲想出了水攻的办法，王贲命令大批秦军士兵挖掘渠道，将黄河、鸿沟的水直接引入大梁城内。三个月后，大梁城被水浸坏，魏王投降，魏国亡。

（5）楚国

楚国是一个南方大国，资源丰富，土地辽阔，军队力量也较为强大。但由于楚国内部贵族间总是你争我夺，内讧不断使得楚王室分崩离析，给秦国灭楚创造了时机。公元前226年，秦王派军南下攻楚，夺得楚国十余个城池。

公元前224年，秦国派王翦率领六十万大军进攻楚国。王翦选择有利地形以逸待劳、按兵不动，麻痹敌人，秦王将一切人力财力都用于前方的战事。一年后，秦军对楚国的基本情况有了一定了解，对楚国的气候也基本适应，士兵作战志气高涨。此时的楚军防范意识逐渐松懈，斗志也不如开始时强烈，再加上粮草不足准备东撤。王翦于是趁楚军撤军之际大举追击，一举歼灭了楚军的主力，长驱直入杀死楚军统帅，占领了楚军的江南地，俘虏了楚王，楚国灭亡。

(6)齐国

齐国距离楚国比较远，秦国一直奉行的"远交近攻"的战略非常成功，因此齐王建在位的四十多年里，齐国一直处事谨慎，既不参与合纵也不与任何国家连

横,直至五国接连被秦国灭掉后,齐国才开始有了一丝恐慌,担心齐国有朝一日也会重蹈五国的覆辙,但为时已晚。燕国乐毅横扫齐国使得齐国差点灭亡,后在齐将田单的努力下总算转危为安,但齐国从此一蹶不振,齐王建更是一个平庸之辈。公元前249年,后胜担任宰相,秦国用重金贿赂后胜。公元前221年,王贲率兵一路打到齐国都城临淄,几乎没有遇到任何抵抗,齐王建和后胜不战而降,齐国灭亡。

至此,秦国完成了统一大业。

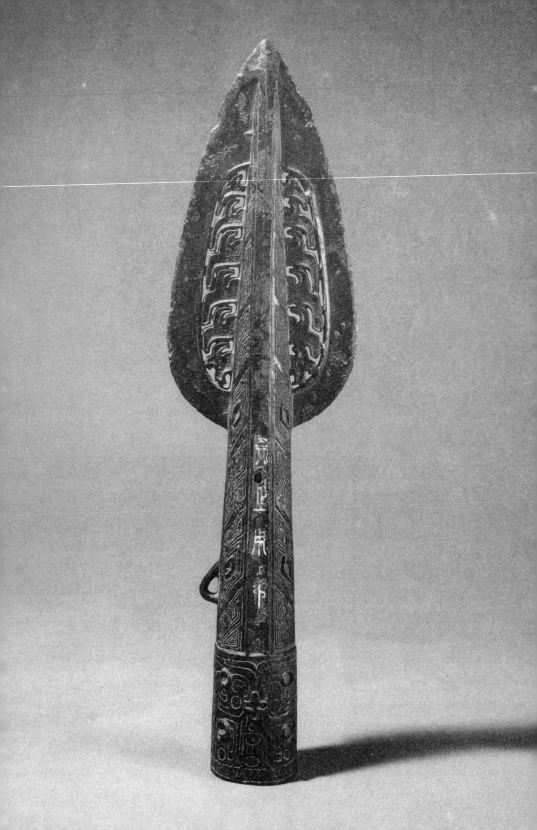

三、秦灭六国的原因

（一）商鞅变法巩固国力

商鞅（约公元前390年—公元前338年），卫国（今河南安阳或濮阳）人，战国时期政治家、思想家，著名法家代表人物。商鞅深受李悝、吴起等法家学派的影响，自幼钻研以法治国之道，投身在魏相公叔痤门下。公叔痤知道商鞅是个胸怀大志、才华横溢的人，因此公叔痤临终之际特将商鞅举荐给魏惠王，希望惠王可以委以重任，并劝告魏惠王倘若不能委以重任，一定不能让商鞅踏出魏国，因为以他的才华一旦为别国效力就会成为魏国极大的威胁。但魏惠王并未理会公叔痤的劝告。商鞅深知在魏国无法施展自己的才华。而此时的秦国，经济一直发展得比较缓慢。公元前361年，秦孝公即位，决心进行大刀阔斧的改革，因此十分注重对人才的选拔，求贤如渴。商鞅深知自己在魏国无法施展才华，又听闻秦孝公是一位具有雄才大略的君主，此刻正在广招天下贤士，因此商鞅通过秦孝公的近臣景监三的引荐，成功见到了秦孝公。商鞅的"强国之术"，深得秦孝公的喜爱，秦孝公让商鞅主持变法。从公元前356年到公元前350年，商鞅在秦国

实施了两次大规模的变法，主要有以下内容：

1.废井田，开阡陌

用法令的形式废除了奴隶制的井田制，把原来的小田界统统破除，变为240步一亩，重新设置田界，不准擅自移动。把土地授给农民，允许其买卖。这就从法律上维护了封建土地私有制。

2.建立军功爵制

规定了军功爵位的获得以在前线杀敌的多少来计算，杀敌越多奖励越厚，建立了一套军功爵制度，按照爵位的高低

给予不同的特权。最重要的一点是国君
的宗族中没有军功的不能列入公族的属
籍，不能享受贵族的特权，这对旧贵族来
说是个沉重的打击，但对新兴的地主阶
级还有下层士兵来说都是一个鼓励。

3.重农抑商

商鞅认为农业是国家的根本，是"本
业"，而其他的商业和手工业是辅助农业
的副业，称为"末业"。为保证国家的财
力，商鞅规定：凡努力耕作多缴纳租税
者，可免去其徭役；反之，弃农经商或者
因不思耕作而无法缴纳租税者一律没入
官府为奴。积极招募无地农民来秦国开
荒，加重关税迫使商人弃商务农。
为增加劳动力积极鼓励生产，
规定凡一户有两个儿子的，到
成人年龄必须分家，独立谋
生，否则要出双倍赋税。女子
到一定年纪必须出嫁。禁止父
子兄弟（成年者）同室居住，推行

小家庭政策。这些政策有利于增殖人口、征发徭役和征收户口税，发展封建经济。

4.统一度量衡

颁布了标准的度量衡器，一尺约为今0.23米，标准量器一升约为今0.2公升。

5.推行郡县制

秦国将许多乡、邑合并成县，每个县设立令和丞等官职来掌管全县的大小事务，县直属于中央，加强了中央集权。

6.什伍连坐法

五家为伍，十家为什，有彼此监督互相纠察告发"奸人"的责任。如若发现"奸人"不告发，处以腰斩。如一家藏匿"奸人"，则什、伍连坐受刑。

商鞅变法在秦孝公的支持下取得了重大的成功，这是战国时期最彻底的一次变法，它废除了奴隶制度，巩固和发展了封建制度。在政治上，军功爵制度使得世卿世禄制发生转变，逐渐以军功爵取代，使得统治阶级内部阶级成分发生重大变化，军功地主成了秦国统治阶级的上层，中央集权的政治体系在秦国初步建立。在经济上，用法律的形式确立了土地私有制，允许土地买卖，极大调动了百姓的生产积极性，对社会经济的发展起到促进作用。商鞅变法后，社会上出现了经济繁荣的美好景象，全国百姓以私下斗殴为耻，以为国家立下战功为荣，国家战斗力不断增强。使得秦国由比较落后一跃成为战国时代国富兵强、最有战斗力的国家，为后来统一六国奠定了基础。

（二）秦国地势有利

西周末年，秦襄公因护送周平王东迁有功，受到封赏，正式入主关中平原西

部。正当中原地区各国打得不可开交之际，秦国却逐渐独霸西方，把那些其他国家看不上眼的西部土地统统划归自己名下，还南下吞并了四川盆地。到秦王嬴政即位之时，秦国已经是国土面积广大的西方大国了，广大的国土、丰富的物资都成为秦国能够战胜六国完成统一的有利保障。

1.广大的国土

秦国拥有大片的土地和众多的人口，这都为统一六国奠定了基础。首先我们从地形上来分析一下战国七雄。战国七雄当时的位置是楚在南、赵在北、燕在东北、秦在西、齐在东，韩、魏居中。

秦国是当时华夏各国中较为靠西边的一个边缘国。与中间的韩国、魏国有很大不同。这两个国家夹在中间，其土地面积没有多少增殖的可能，需要不断地对外发动战争才能实现领土的扩大。东方

的齐国虽然也是边缘国家，但齐国是一个临海的边缘国家，其土地面积因受到海域的限制也很难实现增殖。赵国北临草原，草原气候恶劣，不利于实行定居的农耕生活，不但不能增殖土地，反而可能会受到游牧民族的骚扰，甚至还不如齐国临海地势有优势。燕国偏居北端，也属于临边。而且燕国北端气候异常寒冷，当时的华夏生产力还没有适应向北发展，农耕的华夏民族在寒冷地带生活与生产是比较困难的，人口与土地也很难实现增殖。处于南端的楚国，面积广大，增殖空间大，但生产力低下使得楚国的发展也受到限制。

秦国从春秋到战国后期，土地面积获得了很大增殖。往东增加了一些，更主要的是向西与西南。秦国获得了陇西与蜀，这是秦国靠边缘优势轻易获得的土地，这两块土地的获得也是秦国能战败东方六国的基础。在拥有大量土地的基础上，秦国实行了一系列奖励耕种、增殖人口的政策。首先大面积授田给农民，鼓励耕种。其次积极招募其他国家农民来开垦荒地，待遇优厚，来开垦荒地的农民可以免除兵役、徭役以及十年的田赋，这样一来前往开荒的人络绎不绝，极大弥补了秦国地广人稀的缺点。除此之外，政府还向农民提供粮种，及时通报灾情，让农民做好防范，将损失减少到最低。这些措施有效地保证了秦国经济的发展。

　　拥有广大的土地使得秦国在兵力发展上获得很大优势，秦国总人口甚至超

过东方六国的任意一国。

2.有利的地形

春秋战国时期各个诸侯国都希望扩张领土争夺霸主地位，但任何一国过于强势就会引起其他国家的联合讨伐。战国七雄中的几个大国都是在这样的形势下失去霸主地位的。而秦国在与齐国、赵国的常年对峙下，不但没有失败反而巩固了霸主地位，最终得以统一六国，这是因为秦国的地理位置非常重要。秦国与其余六国相比，地势较高，平均海拔可达五百米，大有居高临下之势。这种海拔上的优势会转化为行军、物资运送等方面

的优势，转化为军事上的主动权。另外不得不提到的就是秦国的函谷关。函谷关是秦国通往东方的主要通道，相反也是各国攻打秦国的必经之地。函谷关是一条幽深狭长的山谷，两旁是险峻的高山，过了函谷关就是秦国的粮仓之地，因此秦国在函谷关处派重兵把守。由于函谷关的特

殊地形，易守难攻，很多前来寻衅的军队常常受到两侧守军的猛烈攻击，最终无功而返。东方各国对秦国的进攻基本上最多只能侵占函谷关外的一些土地，到了函谷关就戛然而止了。史书记载，秦始皇六年，楚、赵、卫等五国军队犯秦，"至函谷，皆败走"，这就说明了函谷关的重要性。函谷关天险成为了东方六国始终无法逾越的一道屏障，也成为了秦国在列国联合进攻下得以保全自身的重要屏

障。再加上秦国无论是关中平原还是四川盆地，四周都被山脉阻隔，成为秦国"天然的围墙"，只要守住几个隘口便可高枕无忧。因此，秦国的对外战争很少在本土作战，基本上都在敌国之境拼杀，这也最大限度地降低了战争对秦国经济的破坏。

3.丰富的资源

在自然资源上，秦国各项资源相比于其他六国都很丰富，这些丰富的资源保障着战事的顺利进行。也就是说无论秦国的军队有多厉害，没有强大的经济实力作后盾，打赢一两场战争没问题，要进行长期的征战，并最终吞并六国则是不大可能的。秦国拥有的关中平原和成都平原土壤肥沃、沃野千里。"天府"在古代本来指的是关中平原，后来才成为成都平原的代称。在先后修建了都江堰、郑国渠两大水利灌溉工程后，秦国农业更是达到了旱涝保收的程度，有能力供养更大数量的常备军，用于对外战争。另一方面，黄土高原和四川盆地西部的很多地方水草丰美，为畜牧业发展提供了得天独厚的条件。秦国历来重视畜牧业，因此养马成为最为重要的事情，常有人因养马有功受到奖赏，极大激发了秦人的养马热情，因此畜牧业十分发达。发达的畜牧业为秦军源源不断地提供战马，军队的机动性与攻击力大为增强。秦国境内森林密布，物产十分丰富，秦岭、巴山、陇山及四川盆地四周山地都蕴藏丰富的森林资源和动植物资源。秦国境内矿产资源也很丰富，尤其是铁资源，各种丰富的矿藏资源为秦国的富强提供了强有力的保证。

　　而其余六国与秦国相比就相形见绌。楚国由于当时农业水平有限，无法使得农作物产量获得高产，因此虽然地理位置上也处于边缘但国力不强。而中原各国由于地势低平，兴建灌溉设施的难度也较大，战国时期东方六国的著名水利工程仍然是邗沟、鸿沟这样的运河，因此东方六国的经济对自然条件的依赖很大，一遇到灾害就会直接导致粮食大幅度减产。如史书就记载魏国经常遭受风灾袭击，一次暴风过后往往河堤溃决，民不聊生。论富庶程度，华北平原地区的魏、齐等国并不逊色于秦国，各国的变法一度也都卓有成效。但从军事地理角度看，东方六国都有严重缺陷。

　　以魏国为例，魏国的国土包括今天陕西、山西、河南、河北的一部分，虽然魏国实力也很

强大，但它在战国七雄中位于正中央，四面都是强邻，容易遭到围攻，在地缘上处于极其不利的地位，稍有不慎就会引起围攻之势，所以才有围魏救赵的典故。因此，魏国在经历了公元前400年左右的短暂崛起后就逐渐走向衰落。在战国后期，魏国一方面通过战争试图向东扩张，国力严重消耗；另一方面其西部领土却被秦国不断蚕食，直到公元前225年被秦国所灭。另一个大国齐国东临大海，盐业与海洋捕捞业十分发达，这两项产业在当时

利润极高。同时，齐国的手工业也很先进，国都临淄与大城市即墨人口众多，繁荣一时。在魏国衰落后，齐国成为了与秦国比肩的东方大国。但由于频繁发动侵略

战争扩张领土，齐国在公元前284年遭到以燕国为首的五国联军围剿。齐国地势平坦，一马平川的大平原上没有秦国那样的天然屏障可以依靠，而且背靠大海，战略上没有回旋余地，遇到大规模外敌入侵就只能倾全国之力进行抵抗，稍有不慎就有亡国的危险，在军事上非常被动。最终齐国的盛世就这样在联军的联合围剿下荡然无存了。齐国之后最后一个可以与秦国抗衡的就是赵国了。赵国在地缘上虽比魏、齐两国稍好，但仍远远不及秦国。赵国北靠内蒙古大草原，长期受到

匈奴的侵扰，需要时时提防北方的近敌，
还无法通过向北扩张来增强国力。赵武
灵王时期的"胡服骑射"虽然很有效果，
使得赵国战斗力一时间有所增强，但赵国
境内山地较多，气候寒冷，不太适合农业

生产, 没有农业做保障国力自然不会很强大, 只是仗着民风剽悍, 军队战斗力很强才成为秦国统一的最后一个障碍。在长平之战后, 赵国也再无能力抵挡秦国的进攻了。

广大的领土、国内有利的地形以及丰富的资源都有效地巩固了秦国的霸主地位, 也成为秦国能够统一六国的有效保障。

(三) 贤明君主的领导

秦国从建国到一统天下, 历经六百多年, 一共有三十多位君王。秦国能够统一天下离不开贤明君主的领导, 他们个个都为秦国统一天下完成了自己应该承担的历史使命。这其中最重要的当属秦穆

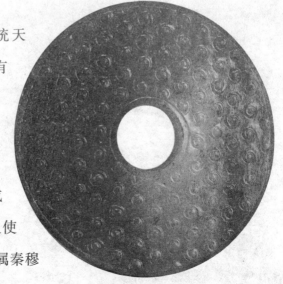

公、秦孝公以及秦王嬴政。

1.秦穆公

秦国在崤(今河南渑池西)之战大败后，只能将进攻方向转向西方。此时的西方居住着许多戎狄部落，秦穆公分析了各个部落，制定了先强后弱逐个征服的策略。当时在西方戎狄的部落中，势力最强的是绵诸。秦穆公的贤明使绵诸王深为羡慕，派出使者前来学习。秦穆公趁此

略施小计,美酒佳人迷惑绵诸王,使得绵
诸国内一片混乱。公元前623年,秦军出
征西戎,以迅雷不及掩耳之势包围了绵
诸国,在酒樽之下活捉了绵诸王。秦穆公
乘胜前进,二十多个戎狄小国先后归附
了秦国。秦国因此独霸西戎。秦国疆域又
辟地千里,国界南至秦岭,西达狄道(今
甘肃临洮),北至朐衍戎(今宁夏盐池),

东到黄河, 秦穆公使秦国国力达到顶峰,
史称"秦霸西戎"。秦穆公称霸西戎, 不
仅扩大了秦国的疆域, 加速了与戎狄人民
的融合, 而且使得秦国的综合实力蒸蒸日
上, 为日后维持和巩固霸主地位奠定了基
础。

2.秦孝公

秦孝公是秦国强大起来的关
键人物。公元前361年, 秦孝公
即位, 此时的秦国经济
实力不足, 因此并不为
各国所重视。秦孝公决
心对秦国的现状进行大刀阔
斧的改革, 首先
广发"求贤令"。
商鞅就是在此
时走向秦国的。
秦孝公被商鞅的
"强国之术"所
说服, 不顾旧贵族

的反对，执意任用商鞅进行变法，商鞅从公元前356年到公元前350年进行了两次大规模的变法。而商鞅也不负所托，经过商鞅变法后，秦迅速成为政治制度先进、经济发达、军力强盛的强国。秦孝公顺应时代潮流，知人善用，大胆改革，使秦国一跃成为战国七雄之首。商鞅变法后，社会上出现了经济繁荣的美好景象，全国百姓以私下斗殴为耻，以为国家立下战功为荣，国家战斗力不断增强。秦孝公的用人不疑使得秦国由比较落后一跃成为战国时代国富兵强、最有战斗力的国家，为后来统一六国奠定了基础。

3.秦王嬴政

公元前246年，年仅13岁的嬴政正式即位成为秦国国君，但由于年纪尚小，由吕不韦辅政。公元前238年，秦王亲政。但

吕不韦大权在握，嫪毐由于得宠于赵太后也拥有一定权力，秦王嬴政虽然亲政，但并无实权。因此嬴政首先要解决的问题是铲除嫪毐、吕不韦集团，将权力收归麾下。秦王加冕礼后，嫪毐假托秦王玉玺发动政变，直攻蕲年宫叛乱，后战败被俘。吕不韦因嫪毐的关系受到牵连被罢免丞相之位，回到封地洛阳后自杀而死。秦王成功收回大权，开始了对秦国的治理。

亲政的秦王知人善用、明辨是非。李斯就是一个例子。李斯本为楚国人，后来

到秦国，在吕不韦的帮助下被任命为小吏，有机会接近秦王游说其完成统一大业。李斯认为现在的秦国具有统一六国的实力，此时是完成统一的最好时机，不能错过。李斯的见解深得秦王政的心意，被封为客卿。不料，此时韩国怕秦国吞并自己，先派郑国来秦国鼓动秦国修建水渠以期削弱秦国的实力，保证韩国不被灭国。后郑国来秦的目的暴露，秦国群臣对外来的客卿议论不断，纷纷建议秦王驱逐一切外来客卿。秦王听从了大臣们的建议下了逐客令，李斯自然也在被逐之列。李斯随后上书秦王，劝谏秦王不要逐客，并指出秦穆公、秦孝公、秦惠王任用外来人员并未亡国反倒使得国家更加强大。李斯说到秦穆公从不同国家请来由余、百里奚等人从而称霸西戎；秦孝公不惧言论任用商鞅，使得国富兵强；秦惠王任用张仪拆散各国合纵，成就霸主地位。倘若这些君主也逐客，恐怕没有秦国今天的强大。李斯劝谏秦王说不能因为不是本国的人或物产就全盘否定，不重视有用之人的建议、忽视人才必定会加强对手实力，不利于秦国的统一大业。这就是著名的《谏逐客书》。秦王被李斯情真意切的劝谏打动，果断地采纳了李斯的建议，立即取消了逐客令。最终，秦王在李斯的辅佐下制定了统一全国的策略，秦王的明辨是非、知人善用, 使得秦国最终能够完成统一大业, 建立了中国历史上第一个封建集权国家。

(四) 远交近攻战略的贯彻

秦国的"远交近攻"方略是秦昭襄王至秦王政几代国君所奉行的战略思想, 是秦国最终能够取胜统一六国的重要一环, 它贯穿于秦灭六国的全过程。秦孝公时期, 秦国就确立了争夺霸主、统一六国的宏伟大业, 任用商鞅进行全方位的改革并取得显著效果, 国富兵强。秦孝公充分利用了关中平原的富足, 励精图

治，使得秦国的经济迅速发展。秦国的异军突起使得六国大为惶恐不安，因此六国一致决定"合纵"来遏制秦国，使秦国陷入被动的局面。为改变这种局面，秦国广招天下谋士集思广益，"远交近攻"的方略就在这种大背景之下逐步孕育产生出来了。"远交近攻"的思想最初始于秦惠王时期，张仪提出了"连衡"以抵御六国。所谓"连衡"，即最初远交齐、楚以打击韩、魏，离间齐、楚，用挑拨离间威胁之手段，拆散六国之合纵，使六国连衡事秦。到秦昭襄王时，魏国人范雎发展了张仪的"远交近攻"思想，明确提出了"远交近攻"方略，作为秦国向外扩张的战略总方针。"远交近攻"方略即是一种以所谓交好的外交手段瓦解六国"合纵"抗秦，以强硬的军事进攻手段不断以武力"蚕食诸侯"的策略。它将军事进攻与外交手段相配合，其实质在于由近及远、各个击破，最终达到

兼并六国的目的。

遵照"远交近攻"方略,韩、魏这两个与秦相邻的弱小之国是秦最先攻击的目标。秦在攻韩、魏之前展开了孤立韩、魏的外交,即贿赂齐、楚之相,促成齐、楚与秦交好,随后开始对韩、魏进行多次攻伐和兼并。以武力制服韩、魏后,秦按预定方案将攻击目标转向楚,因恐齐、楚联合,那么秦攻楚则齐一定会救援。

故大举进攻前，秦王派张仪前去楚国以六百里土地诱惑楚王与齐绝交，楚王中计。秦国大举攻楚，夺得楚国大片土地，楚国势力削弱。公元前293年，韩、魏联手，同秦国在伊阙（今河南洛阳）一带发起一场大战，随后秦国又利用伊阙之战的机会消灭了韩、魏二十四万大军，使得韩、魏两国从此一蹶不振。秦国利用燕昭王对齐复仇的时机，派兵帮助燕国攻齐，齐国在秦、燕联军的猛攻下溃败，势力大不如前。此后，秦国又对北面的赵国展开长达十年的进攻，双方虽各有胜负，但秦国势力还是得到了一定的巩固。数十年来，在"远交近攻"方略的推行过程中，六国诸侯都遭到了秦国的利用和严重削弱，楚、韩、魏、赵、齐等国的元气大伤，再也无力与秦相抗衡。

从秦昭襄王到秦王政即位，秦国通过实施"远交近攻"策略，使国内政治稳定，经济发展，取得了军事和外交方面的极大成功，基本具备了统一六国的实力。而六国由于受到秦国不断的打击和利用，先后遭到不同程度的削弱。再加上六国之间相互矛盾所引起的战争消耗，各国日渐衰微，已经没有力量与秦国相抗衡，六国之"合纵"也名存实亡。丞相李斯根

据对当时形势的分析，认为秦灭六国的时机已经到来。他向秦王政建议在继续推行"远交近攻"方略，灵活运用军事与外交斗争手段的前提下，加紧吞并六国的军事进攻。鉴于当时六国中势力较强的北面是赵，南面是楚，韩、魏与秦相邻，处在秦东进的首冲地位，故他提出了灭亡六国的第一步战略设想是先攻取韩国以威慑其他国家。秦国进攻的矛头要首先指向赵国和韩国，同时稳住楚、魏，拉拢齐、燕，待败赵亡韩之后，再逐个击灭他国。

李斯关于灭亡六国的战略设想继承了秦"远交近攻"的传统方略，秦王采纳了他的建议，制定出吞并六国的战略部署：在北翼重点打击赵，乘势灭韩；然后一举灭魏，控制中原；再转锋南下，灭亡楚国，最后消灭燕、齐。公元前221年秦军东进灭齐。至此，秦凭"远交近攻"的策略，以十年时间进行统一战争，结束了长达五百余年的诸侯割据、各国纷争的混乱局面，建立起中国历史上第一个中央集权的封建统一国家。

秦国能够成功灭掉六国，关键是实施了正确的战略思想，"远交近攻"战略的运用为秦国统一六国奠定了基础。

四、秦灭六国的影响

（一）统一国家的建立

秦灭六国之后，建立了统一的多民族国家。面对刚刚建立起来的国家，秦国立即着手进行了一系列的强化中央集权的措施以巩固政权。

1.政治方面

强化中央集权。秦王嬴政统一六国后，认为自己功德无量，德高三皇，功过五帝，认为王的称号已经不能显示出他至高无上的权势和地位，因此提议更改名号。秦王嬴政召集大臣商议，最终将古代传说中神和人最为尊贵的三皇五帝的称号合并，称"皇帝"，至此后，中国最高统治者的称号便定为"皇帝"。皇帝自称

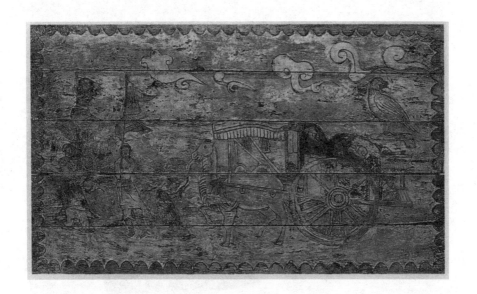

为"朕","命"称"制","令"称"诏"，"印"称为"玺"，废除了"谥法"，规定了皇帝按照世代排列，由始皇依次排列为二世、三世，乃至无穷。在皇帝之下又设置了一整套官僚体系。首先，在中央系统中设立丞相、太尉、御史大夫。丞相为"百官之长"，辅佐皇帝处理日常事务；太尉辅佐皇帝执掌军队；御史大夫主管监察，监察百官，实际上却要牵制丞相以防止丞相分权。在中央三位大臣之下的官职习惯上被称为"九卿"，掌管皇室的

诸多事务。所有官吏的任免都由皇帝统一决定，绝不世袭。在地方上废除了古代封国的建藩制度，在全国推行郡县制，将全国分为三十六郡，郡设郡守、郡尉以及监御史。郡守为一郡的最高长官，直接受中央管辖；郡尉辅佐郡守执掌全郡军事；监御史督责监察。郡下设立县，万户以上就设立大县，设县令，不足万户设县长。县以下还设有乡、亭、邮等机构，这些就构成了秦国完整而又严密的地方机构，

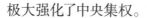

极大强化了中央集权。

2.经济方面

（1）统一度量衡

战国时期度量衡制度非常混乱。各国单位不一致，就以齐、秦两国为例，秦国以升、斗、桶为量的单位，且是十进位；齐国则以升、豆、区、釜、钟为量的单位，升、豆、区三量之间是四进位，釜、钟则是十进位。度量衡的混乱严重影响着全国各地的经济交流。秦统一后，将商鞅变

法时所制定的度量衡制度推行到全国，作为标准的度量衡标准。统一度量衡后，极大地保证了政府的赋税收入，对促进经济发展和各地间文化交流起到重要作用。

（2）统一货币

战国时期各国可以自铸货币，而且同一诸侯国内的各地区也都有铸币权，其形状、大小、重量也都不尽相同，计算单位也不一样，由于价值不等，换算非常困难。秦灭六国后，为了改变这种状况，必须统一规定币种，因此秦下令货币分为两等，以黄金为上币，以镒为单位；圆形方孔的铜钱为下币，以半两为单位。这就克服了过去货币不统一的混乱状态，便利了各地商品交换和经济交流。

统一货币，把秦国的圆形方孔钱，作为统一的货币，通行全国，这对促进各民族各地区的经济交流，十分有利。

3.军事方面

（1）强化军队

秦国建国后军事上大力强化军队。秦国统一之后，保留了一支由中央常备军和地方武装联合构成的军队。中央常备军由皇帝直接委派统帅戍守边境并驻守京师。地方军由郡尉掌管。秦国全国军队人数至少百万，仅戍边的军队就超过八十万，庞大的军队有效地保证了国家的安全，为秦国统一后的国家安全提供了保障。

（2）修筑长城

秦灭六国之后，为了在与匈奴奴隶主贵族的战争中取得胜利，秦开始北筑长城。在战国时期，秦、赵、燕三国都曾在北边修筑长城来抵御"胡"。公元前213年，秦将过去秦、赵、燕三国所修筑的长

城连接起来，修筑了一条从临洮（今甘肃
岷县）一直延伸到辽东郡的万里长城。万
里长城对抵御匈奴的侵扰、保障百姓安
居乐业具有不可磨灭的功绩。

修筑长城的工程十分浩大，每年都
要征发劳力四十余万，这在当时生产力
极度低下、男人辛苦劳作尚不得温饱、女
人努力纺布都无法蔽体的情况下，征调如
此之多的民力去从事超负荷非生产性劳
动，造成不计其数的人们死亡，给百姓带
来深重的苦难。但无论如何，长城是世界
历史上最伟大的建筑之一，充分体现了

我国劳动人民的高度智慧和无限的创造力，成为中华民族悠久文明的象征。

4.文化方面

(1)《秦律》

秦国为了巩固地主阶级的政权，建立了一套完备的法典——《秦律》。《秦律》的制定是以地主阶级为中心，因此维护封建土地所有制是其最主要的内容。秦律主要内容是保护封建基础，维护统一的专制主义中央集权封建国家的经济制度；维护地主阶级对农民的政治压迫，镇压农民的反抗活动；保护官府和私人占有奴隶；保护官僚地主特权的诉讼制度和监狱管理制度。《秦律》中的刑罚有很多，例如赀刑、迁刑、肉刑、笞刑、宫刑或腐刑等等。赀刑是让罪人向官府交纳财物或提供劳役以达到惩罚的目的；肉刑有斩足、宫、劓、黥等肢体刑；迁刑即将

犯人流放边地；笞刑即鞭笞之刑；宫刑或腐刑指的就是男子阉割或者女子幽闭。刑罚名目之多反映出秦国法律的苛刻和严密。

（2）统一文字

在秦国统一全国之前，文字的形体非常混乱，各种字体混用，同一个字所采用的声符、形符都有很大差别，这样的文字混用现象给朝廷政令的推行以及各地文化交流都带来诸多不便，造成严重障

碍。如秦统一全国后，曾传诏至桂林，但当地一般人都不认识诏书上的字，严重影响诏令的传达。于是秦始皇令丞相李斯等人对文字进行整理，除去和秦国文字出入较大的，制定出新字体。李斯本身对书法有所研究，经李斯刻苦钻研，创造出了小篆这种字体，相对原有文字，小篆字形比较简化，字态也相对舒展飘逸，成为秦代官方文字。统一文字后，小篆作为标准字体通令全国使用。

（3）焚书坑儒

文字的统一，促进了文化交流，当时
社会百家争鸣出现很多学术著作，人们
的思想比较活跃，极大阻碍了秦始皇对
所征服的六国民众的思想统一。为了加
强对百姓思想的控制，秦始皇听从了李斯
的建议，公元前213年秦始皇下令除《秦
纪》、医药、卜筮、农书以及国家博士所藏
《诗》、《书》、百家语以外，凡私人所藏
儒家经典、诸子和其他历史典籍一律交
付官府销毁，拒不上交或过期不交者处

以黥刑；不准百姓私下谈论《诗》《书》，否则一律处死并以"以古非今"罪灭族；严禁私学，想要学习的人可以拜官吏为师。此为历史上的"焚书"事件。

第二年，即公元前212年，秦始皇寻找长生不老之药，派遣方士侯生等人为其炼制丹药，遍访全国求药。但侯生等不满秦始皇残暴的统治方式私下逃跑了。得知消息的秦始皇勃然大怒，立刻下令追查侯生等人的下落。同时京城中有人私下发表对秦始皇不满的言论，秦始皇大为生气，立刻下令以"妖言以乱黔首"的罪名捕捉了方士、儒生四百六十余人，全部坑杀于咸阳。这就是历史上的"坑儒"事件。

虽然秦始皇为了国内统一采取统一思想的措施是必要的，但"焚书坑儒"手段过于残暴，

而且对古代文化典籍的破坏是无法弥补的。

5.交通方面

（1）驰道

驰道，即古代的"国道"，专供皇帝使用，皇帝下面的大臣、百姓，甚至皇亲国戚都是没有权利走的。公元前220年，为加强对全国的控制，秦始皇下令修建了以首都咸阳为中心的驰道。当时主要有两条干道：一条通往燕、齐；另外一条直达吴、楚。驰道的宽度为五十步，道路两旁每隔三丈种有一棵树。

（2）统一车轨

秦国统一全国之时，车轨间距大小不一，不利于交通运输和各地往来交流。秦始皇下令统一全国车辆两轨之间的距离，即两轮之间的宽度为六尺，这样既保证了车辆的畅通无阻，也有利于全国交通与经济文化的交流和往来。

通过一系列措施，秦国建立起了统一的中央集权机构，比起封建割据状态这不得不说是一种进步，为日后秦国的进一步发展奠定了基础。

（二）评价

秦国从公元前230年灭韩开始到公元前221年灭齐为止，前后十年，就完成了统一六国的事业，从此结束了春秋战国以来诸侯国割据混战的局面，建立了第一个统一的、多民族的、中央集权的封建国家。战国时代的诸侯割据，给社会生产带来了巨大的破坏，这一场诸侯割据的战争所带来的损失即便耕作十年土地也无法弥补，但秦国统一之后，给了百姓一个安居乐业的环境，人民可以在相对安定的环境里从事生产。秦王朝推行了诸多消除封建因素的措施，极大地加强了各地区的政治、经济、文化的联系，为我国长期的统一奠定了基础。